Kai Haferkamp
Lea Mari Sandberg
Christiane Leesker

Italienische GEHEIMNISSE

EINE SPANNENDE RÄTSELREISE

ITALIA
ANTIQUA
NORICUM
RHÆTIA
HELVETII
VENETIA
GALLIA TRANSPADANA
GALLIA CISPADANA
LIGURIA
ETRURIA
UMBRIA
PICENUM
SAMNIUM
LATIUM
CAMPANIA
APULIA
LUCANIA
SICILIA
ILLYRICUM
DALMATIA
ADRIATICUM MARE QUOD ET SUPERU
TYRRHENUM VEL INFERUM MARE
Ligusticus Sinus
ROMA
Florentia
Bononia
Parma
Ravenna
Verona
Mantua
Genua
Aeoliæ quæ et Vulcaniæ et Liparæ Insulæ

Beginne auf Seite 6

Auf dem Weg ...

Der Himmel über den schroffen, schneebedeckten Gipfeln, die sich in der Ferne erheben, ist in ein weiches Abendrot getaucht. Ich kneife die Augen zusammen und erkenne am Ende des Tals einen schlanken Turm. *Lancia*, Lanze. So hatten wir ihn genannt, mein kleiner Bruder Noel und ich. Damals, als wir noch Kinder gewesen waren und die Welt so einfach schien, wie sie nur sein konnte, wenn sie ohne Gestern und ohne Morgen aus nicht mehr bestand als der Zeit, die es zwischen dem Aufstehen und dem Schlafengehen zu entdecken galt.

Seit gestern Morgen bin ich unterwegs: mit dem Flugzeug von Heathrow über Zürich nach Mailand, wo es am nächsten Vormittag mit dem Zug weitergehen sollte. Also erst mal Einchecken im Hotel, eine kleine Shopping-Tour, ein bisschen Kultur und zur Belohnung ein hervorragendes Abendessen bei Bartolini im *Mudec*, einem mehrfach ausgezeichneten Sternerestaurant, das im *Museo delle Culture* residiert. Ich gönnte mir einen 24 Monate alten Comté mit Haselnüssen und einem gut strukturierten Balsamico, dessen Aroma an reife Pflaumen erinnerte. Im Anschluss grüne Spaghetti, geschwenkt in Olivenöl, mit leicht geröstetem Knoblauch, Senf und Anchovis, garniert mit nussigem Ossietra-Kaviar. Das Dessert war wiederum ganz einfach: Erdbeeren und Rhabarber mit frischen Veilchen. Auch die Weinkarte ließ keine Wünsche offen. Dass am nächsten Wochentag mit Trinkgeld etwa 1.000 € von meiner Kreditkarte abgebucht werden würden, interessierte mich nicht. Auserlesene Zutaten und eine kreative Küche hatten nun mal ihren Preis.

Obwohl weit und breit niemand zu sehen ist, setze ich den Blinker und steuere den alten Fiat 124 auf eine schmale Straße, auf der kaum zwei Fahrzeuge aneinander vorbeipassen. Zur linken Seite erheben sich dicht bewaldete Berghänge, zur rechten fallen sie steil ab. Der Motor läuft wie geschmiert, ist allerdings so laut, dass ich das Rauschen des nahen Gebirgsbachs nicht hören kann. Dennoch weiß ich, dass es ihn gibt.

Als ich heute endlich am kleinen Bahnhof Iselle di Trasquera am Südportal des Simplontunnels ankam, lag dieser verlassen da. Nur wenige Autos parkten hinter dem Bahnhofsgebäude. Mein Empfangskomitee war eines davon: ein anthrazitfarbener Fiat mit rostigen Kotflügeln und ausgeblichenen Sitzbezügen. An der Windschutzscheibe klebte ein Zettel mit meinem Namen. Wer auch immer mich hatte abholen wollen, war verhindert. Ich sollte einfach in den Wagen steigen. Den Schlüssel würde ich finden. Es folgte eine Wegbeschreibung: vom Parkplatz runter, nach links und weiter in den Norden, höher in die Berge hinauf, bis irgendwo ein Straßenschild (Achtung:

wer die Frau ist. Nur das kleine blecherne Namensschild, das an ihrer geblümten Polyesterbluse steckt, gibt darüber Aufschluss: Monica. Sie drückt mir einen Schlüssel mit einem klobigen Anhänger in die Hand und sagt: *„Secondo piano, a destra, la stanza in fondo al corridoio."* Zweiter Stock, rechtsherum, das Zimmer am Ende des Flures. Wie lange habe ich diese Sprache nicht mehr gehört? Geschweige denn selbst gesprochen ...?

Mein Zimmer ist einfach: ein Schrank, ein Bett, ein Tisch, ein Waschbecken. Und ein Spiegel, durch den ein langer Sprung verläuft, sodass er mein Gesicht in zwei Hälften teilt. Eine traurige und eine fröhliche. Ein Abbild meiner eigenen Zerrissenheit? Ich spüre die Beklemmung, die das Dorf in mir auslöst – und zeitgleich eine riesengroße Vorfreude auf den bevorstehenden Abend.

Letztere überwiegt. Ich dusche und ziehe mich um. Kurz darauf klappern die Sohlen meiner Lederschuhe auf dem alten Kopfsteinpflaster. Einmal quer über den Dorfplatz, da liegt sie, die Trattoria San Lorenzo. Sie hat ihre besten Tage hinter sich. Farbe blättert von der Holzfassade, die Scheiben sind blind vor Dreck. Beinahe erwarte ich, dass die Eingangstür verschlossen ist, doch als ich die Klinke herunterdrücke, öffnet sie sich geschmeidig. Das Lokal ist verlassen. Eine dicke Staubschicht liegt auf den alten Tischen und Stühlen. Bin ich wirklich am richtigen Ort? Ich werfe einen Blick auf die Einladung und meine Uhr, bestimmt das tausendste Mal. Es hat sich nichts geändert: Hier und jetzt soll das geheimnisvolle Dinner stattfinden.

Draußen auf dem Dorfplatz klappen Fensterläden zu. Die Sonne versinkt hinter den Bergen und die Nacht macht sich bereit, Besitz von Castelmonte zu ergreifen. Ich gehe weiter in das Lokal hinein. Hinter dem hölzernen Tresen ein deckenhohes Regal mit Weinen und Spirituosen. Links die Toiletten, rechts die Küche. Auf dem Tresen ein Leuchter mit heruntergebrannten Kerzen, ein paar benutzte Gläser und eine Flasche mit trübem Limoncello. Daneben eine alte, verbeulte Taschenlampe. Und ein Buch. Ein Kochbuch. So eins, wie meine Großmutter früher besessen hat. Ich sehe es aufgeschlagen neben ihr, während sie mit kräftigen Händen einen Kuchenteig knetet, duftende Kräuter hackt oder in einem großen Topf rührt. Ihr Kochbuch war alt und fleckig

Leon Lucullian war der Streetartkünstler unter den Spitzenköchen dieser Welt – und ein Mysterium. Keiner wusste, wer er in Wirklichkeit war. Sein Name war ein Pseudonym und tauchte erstmalig in Zusammenhang mit einem kleinen Restaurant in Brooklyn auf, das sich innerhalb kürzester Zeit zum Hotspot der New Yorker Feinschmeckerszene entwickelt hatte. Denn was der geheimnisumwitterte Koch auf den Tisch brachte, war reine Poesie – verführerisch, ergreifend und voller Inspiration. Ohne jemals in Erscheinung zu treten, betrieb er mittlerweile Restaurants auf der ganzen Welt, von Los Angeles bis Kapstadt, von Shanghai bis Berlin. *And more to come!* Ein Kosmopolit, den noch niemand zu Gesicht bekommen hatte.

Der Briefumschlag, in dem mich die Einladung erreichte, trug weder Marke noch Poststempel. Sie war personalisiert und nummeriert. Mit anderen Worten: Die Runde, die in Castelmonte zusammenkommen sollte, war eine auserwählte. Dass ich dazugehörte, freute mich unbändig – immerhin stand ich bereits seit Monaten auf der Warteliste für einen Platz in Leons sagenumwobenem ersten Restaurant. Doch wieso sollte das Event ausgerechnet in dem Bergdorf stattfinden, das ich vor so vielen Jahren hinter mir gelassen hatte? Ich war mir sicher: Der Grund dafür war Sterneköchin Renée Dubois, rund um den Globus gefeiert für ihr Konzept des *Creative Cooking*, bei dem sie aus beliebigen Zutaten improvisiert die raffiniertesten Gerichte kreierte. Dort, in Castelmonte, hatte sie noch zu meiner Zeit ein Café eröffnet, das unter den Gourmets dieser Welt inzwischen als Legende galt. Wenig überraschend also, dass jemand wie Leon Lucullian auf die Idee kam, sein Dinner-Event an diesem besonderen Ort zu veranstalten.

Nach so vielen Jahren nach Castelmonte zurückzukehren, löste in mir eine seltsame Mischung aus Nostalgie und Unbehagen aus. Das Dorf, das ich vor mehr als 15 Jahren verlassen hatte, rief mich zurück! Mit einer Macht, der ich mich nicht widersetzen konnte. Also machte ich mich auf den Weg – ängstlich, widerwillig und unsicher, aber ebenso neugierig, fasziniert und entschlossen …

Als ich die Pension Vista Alpina betrete, schlägt mir eine warme, abgestandene Luft entgegen. Ich zögere kurz, doch es ist die einzige Unterkunft, die dieses Dorf zu bieten hat. Mir bleibt keine Wahl. Die mittelalte Rezeptionistin schenkt mir ein warmes Lächeln. Ich suche in ihrem Gesicht nach vertrauten Zügen, aber ich habe keine Ahnung,

Weiter auf Seite 10/11

Einladung

Leon Lucullian lädt dich ein
ins wunderschöne Piemont!
Im malerischen Castelmonte erwartet dich
ein unvergessliches Erlebnis,
das Vergangenheit und Zukunft
meisterhaft miteinander verbinden wird.

Bist du bereit für ein Abenteuer,
das dich auf eine Weise inspiriert, wie es nur
die Kunst der Haute Cuisine kann?

Wo: Trattoria San Lorenzo
Wann: am 1. Juli um 21 Uhr

PS: In der Pension Vista Alpina ist
ein Zimmer auf deinen Namen reserviert.

dreckig, schwer zu lesen!) den Weg zu einem Steinbruch wies. Genau gegenüber zweigte ein weiterer Weg ab, dem ich folgen sollte ...

Dabei kenne ich diese Gegend wie meine Westentasche. Den Bahnhof, die Kreuzung, den Weg zum Steinbruch und den anderen, die Berghänge, den Eisbach, die Lanze. Und die Teufelsbrücke, die *Ponte del Diavolo*. Sie spannt sich über eine enge Schlucht, an deren Grund der Gebirgsbach dahinströmt. Auf der einen Seite die Straße, auf der ich unterwegs bin. Auf der anderen Castelmonte. Das Dorf, in dem ich aufgewachsen bin. Und das Ziel meiner Reise.

Als der Wagen über das Kopfsteinpflaster der Brücke holpert und ich das Ortseingangsschild passiere, überfallen mich meine Erinnerungen wie Geister aus der Vergangenheit. Gute Geister mit schönen Erinnerungen: an meine Großmutter Lucia, in deren Küche mein Bruder und ich Nudeln mit Tomatensauce aßen, die so liebevoll und unbeschwert schmeckten, als steckte ihre ganze Seele darin. Und an meinen Großvater Emilio, den bodenständigen, handwerklich begabten Mann, der Oma Lucia zu ihrer Verlobung keinen Ring schenkte, sondern einen großen soliden Tisch aus Eichenholz. Dieser Tisch war sein Versprechen: Hier würden sie mit ihren Kindern sitzen, die wiederum mit ihren Kindern und immer so weiter.

Aber auch die bösen Geister drängen sich mir auf mit ihren traurigen, erdrückenden Bildern: der Tod unserer Eltern, der Umzug nach Castelmonte und die Trauer mit ihrer ganzen Finsternis, gegen die ich genauso wenig unternehmen konnte wie gegen die Schatten in den schmalen Gassen dieses Dorfes. Ich hätte alle Häuser, alle Mauern einreißen müssen, um Licht in die Dunkelheit zu bringen! Irgendwann musste ich fort, raus in die Sonne, in eine Welt, die mich mit ausgebreiteten Armen empfing und mir alles zu Füßen legte, was sie zu bieten hatte: Geld, Einfluss, die schönen Dinge des Seins. Ein tolles Haus, ein tolles Auto, tolle Urlaube. Und einen eigenen Esstisch, viel größer als der meiner Großmutter.

Der seltsame Brief, den ich vor gerade einmal anderthalb Wochen erhalten hatte, fiel mitten rein in die Leere nach einem Vertragsabschluss. Die Fusion eines jungen Unternehmens im Bereich der Künstlichen Intelligenz und des maschinellen Lernens mit einem führenden, weltweit agierenden Softwareunternehmen war eine juristische Herausforderung gewesen – und ich hatte sie gemeistert. Jetzt galt es, die Zeit vom Knallen der Champagnerkorken bis zum nächsten Mandat zu überbrücken. Was kam da gelegener als die rätselhafte Einladung zu einem ausgefallenen kulinarischen Event ...

Weiter auf Seite 8/9

und gespickt mit handschriftlichen Notizen: *weniger Salz, mit Minze verfeinern, länger schmoren ...* Erst jetzt bemerke ich das Papier, das aus dem Buchblock hervorragt: eine Nachricht von Leon Lucullian!

„Du dachtest, ein exklusives Dinner mit Leon Lucullian gibt es zum Nulltarif?", schreibt er. „Du weißt doch: Vor den Erfolg haben die Götter den Schweiß gesetzt! Also freu dich auf eine nächtliche Schnitzelrätseljagd durch die Welt der Kulinarik ..."

Meine Augen fliegen über die Zeilen. Von Rätseln ist die Rede, von Aufgaben, Lösungen, Rezepten und geheimen Orten, von einem Finale in der Nacht und einem Losungswort. Am Ende ein wahrer Buchstabensalat, der überhaupt keinen Sinn ergibt.

Die Wörter und Zeichen springen mir förmlich entgegen und geben mir einen Vorgeschmack auf das besonders kreative Amuse-Gueule, das ich als Opener von Leon Lucullian serviert bekomme. Ich schaue an mir herunter: Auf eine Schnitzeljagd bin ich nicht vorbereitet. Schon gar nicht um diese Uhrzeit, wenn nach Sonnenuntergang kalter Nebel durch die Straßen und Gassen dieses Dorfes zieht. Aber gut. Das Dinner mit Leon Lucullian muss ich mir anscheinend verdienen. Und ich bin zu allem bereit. Denn eine solche Chance bekomme ich nie wieder. Also zurück zur Pension, mich umziehen. Raus aus den schicken Klamotten und rein in festeres Schuhwerk und eine wettertauglichere Jacke.

Ich nehme das Buch und die zum Glück funktionierende Taschenlampe vom Tresen. Beides werde ich brauchen. Während ich zur Pension zurücklaufe, lese ich die Nachricht noch einmal ...

Weiter auf Seite 4/5

Für die Füllung von
16 Cornetti:

400 ml Milch
100 ml Sahne
Mark von
1 Vanilleschote
6 Eigelb
140 g Zucker
abgeriebene Schale
von 1 Biozitrone
50 g Speisestärke

Ein Cornetto zum Espresso oder Cappuccino: das original italienische Frühstück!

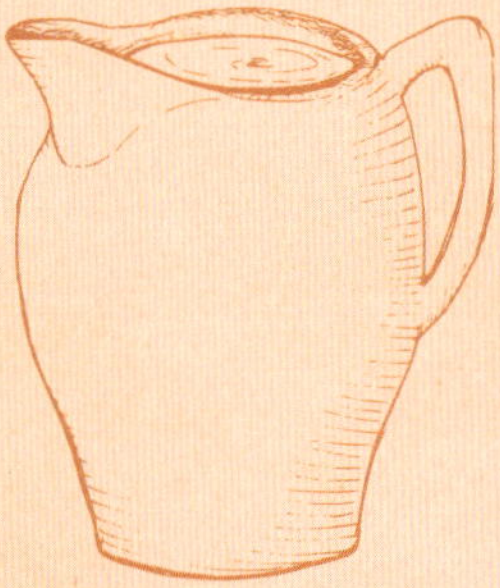

Crema alla Pasticcera

Den Cornetti-Teig von Seite 26/27 vor dem Backen mit der Crema füllen!

Milch, Sahne und Vanillemark in einen Topf geben und aufkochen lassen. Dann vom Herd nehmen und die Mischung etwa 20 Minuten ziehen lassen.

Die 6 Eigelb mit dem Zucker zu einem weißen Schaum aufschlagen. Den Zitronenabrieb und die Speisestärke hinzugeben. Alles sorgfältig vermengen, bis kein Klümpchen mehr zu sehen ist.

Die Vanillemilch im Topf langsam wieder erhitzen. Die Eigelbmasse nach und nach dazugießen und mit dem Schneebesen gut unterschlagen. Unter ständigem Rühren aufkochen und schön eindicken lassen. Dann in eine Schüssel umfüllen und abkühlen lassen.

Pesto alla Genovese

Für 1 Schraubglas:

60 g Pinienkerne
50 g alter Parmesan
50 g Pecorino
Knoblauch nach Geschmack
4 Bund Basilikum
150 ml Olivenöl (Bio)

plus Olivenöl zum Auffüllen!

1. Pinienkerne ohne Öl in einer Pfanne vorsichtig goldbraun rösten. Auf einem Teller abkühlen lassen.
2. Parmesan und Pecorino reiben, den Knoblauch klein hacken und die Basilikumblätter abzupfen.
3. Basilikumblätter vorsichtig waschen und trocken tupfen.
4. Käse, Knoblauch, Basilikum und Pinienkerne in einem Mixer fein zerkleinern. In Intervallen arbeiten, damit das Pesto nicht breiig wird. *
5. Anschließend das Olivenöl unterrühren. Das Pesto bis fingerbreit unter den Rand in ein sauberes Schraubglas füllen. Bis zum Rand mit Öl auffüllen und verschließen.

* am besten im Mörser!

Pasticcini di Mandorla

Italienische Mandelkekse

Für 1 Blech oder 40 Kekse:

Perfekt zum Kaffee!

500 g gemahlene Mandeln
400 g feiner Zucker
4 Eiweiß (von großen Eiern)
3–4 TL Orangenhonig
abgeriebene Orangenschale
Puderzucker
40 blanchierte Mandelkerne

Die gemahlenen Mandeln und den Zucker in einer Schale vermengen, das ungeschlagene Eiweiß, den Honig und die abgeriebene Orangenschale zufügen. Alles von Hand zu einem klebrigen Teig verkneten.
Den Teig abdecken und etwa 30 Minuten kalt stellen.
Ein Backblech mit Backpapier auslegen und den Backofen auf 170–180 Grad Ober-/Unterhitze vorheizen.
Den Puderzucker auf einem Teller verteilen.

Aus dem Teig 40 gleich große Kugeln (Durchmesser etwa 3 cm) formen, im Puderzucker wälzen und auf das Backblech legen. Oben je eine blanchierte Mandel in die Kugeln drücken. Die Kekse in etwa 12 Minuten goldbraun backen.

Nach dem Abkühlen in einer luftdicht verschlossenen Dose aufbewahren.

Statt blanchierten Mandeln Belegkirschen verwenden.

Die Kekse werden beim Abkühlen noch härter.

CORNETTI ITALIANI

Für 16 süße Hörnchen:

Für den Teig:
1 Päckchen Trockenhefe
ca. 50 ml handwarmes Wasser
250 g Weizenmehl (Type 405)
250 g Weizenmehl (Type 550)
1 TL Zucker
1/2 Päckchen Vanillezucker
1/2 TL Salz
250 ml Milch
50 g Butter
2 Eier
1 Eigelb zum Bestreichen

Zum Bestreuen:
Schoko- oder Pistazienstreusel &
Puderzucker

Für die süße Füllung: Meine Crema alla Pasticcera von Seite 14/15 oder Erdbeer-, Himbeer- oder Rhabarberkonfitüre oder meine weltbeste Nuss-Nougat-Creme von Seite 94/95!

1. Die Hefe in handwarmem Wasser auflösen und zusammen mit beiden Mehlsorten, Zucker, Vanillezucker und Salz in einer Rührschüssel mit einem Handrührer lange rühren.
2. Danach Milch, Butter und die beiden Eier hinzufügen und kräftig durchkneten.
3. Den Teig mit einem Küchentuch abdecken und etwa 1 Stunde im Kühlschrank gehen lassen, bis er gut aufgegangen ist. Den Backofen auf 180 Grad Ober-/Unterhitze vorheizen.
4. Den Teig nochmals gut durchkneten und halbieren. Eine Hälfte zur Kugel formen, mit einem Nudelholz rund ausrollen und (am besten mit einem Pizzaschneider) in 8 gleich große Tortenstücke teilen. Mit der anderen Hälfte ebenso verfahren.
5. Jedes Teigstück mit der süßen Füllung deiner Träume bestreichen und, beginnend mit der schmalen Seite, so aufrollen, dass ein Hörnchen entsteht. Auf ein mit Backpapier ausgelegtes Backblech legen, mit Eigelb bestreichen und wahlweise mit Schoko- oder Pistazienstreuseln bestreuen.
6. Im vorgeheizten Backofen in etwa 15 Minuten goldbraun backen. Vor dem Genießen abkühlen lassen und mit Puderzucker bestäuben.

Spaghetti alla Carbonara

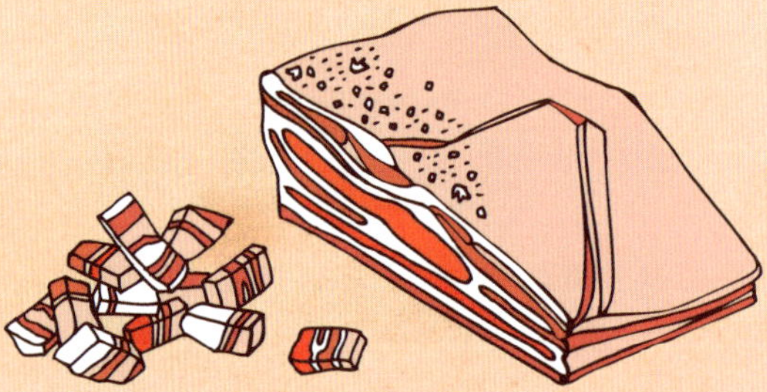

Für 4 Portionen:

400 g Spaghetti al bronzo
(raue Nudeln, damit die Sauce besser haftet)
200 g luftgetrockneter Schinkenspeck
(70 % Fett), am besten Guanciale
(2 mm dicke Scheiben)
ca. 300 g mittelalter Pecorino – wenn er
bröckelig aussieht, ist er zu alt!
(nur im Notfall: Parmesan)
4 superfrische Eigelb
4 superfrische Eier
frisch gemahlener schwarzer Pfeffer

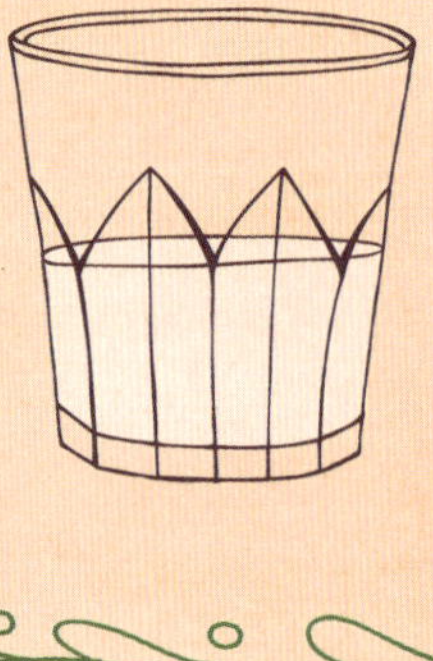

1. Die Pasta „al dente" (bissfest) garen.
2. Den Schinkenspeck in einer Pfanne bei mittlerer Hitze goldbraun braten, nicht vollständig knusprig, aber schon so, dass das Fett teilweise austritt.

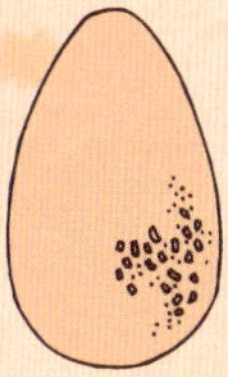

3. Den Pecorino reiben und in einer Schüssel mit den Eigelben, den Eiern und etwas frisch gemahlenem Pfeffer sorgfältig verrühren.
4. Die fertig gegarten Nudeln aus dem Wasser nehmen (mit einer Pastazange! Nudelwasser aufheben!) und zum Speck in die Pfanne geben.
5. Den Herd ausschalten und die Käse-Ei-Mischung zu den Nudeln geben, sofort umrühren und 75–100 ml Nudelkochwasser zugeben, bis eine schön cremige Sauce entstanden ist (nicht zu flüssig!). Beim Anrichten auf dem Teller nach Geschmack mit Pfeffer übermahlen.

Stracciatella-Eis wurde in Bergamo erfunden!

OHNE Eismaschine, dafür mit viel Liebe handgemacht!

Mit dem Schneebesen kräftig verrühren und viel Luft unterschlagen. So bekommt man eine schön cremig-fluffige, geschmeidige Masse.

Stracciatella alla Mamma

Für 4 Portionen:

400 ml Milch
100 g Puderzucker
Mark von 1 Vanilleschote
250 g Sahne
100 g Zartbitter- oder Vollmilchschokolade

Am Vortag in einem Topf die Milch mit dem Zucker und dem Vanillemark so lange unter Rühren erwärmen, bis der Zucker sich aufgelöst hat. Den Topf vom Herd nehmen, die Sahne einrühren und alles abkühlen lassen.

Die Eismasse in eine gefrierbeständige Schüssel füllen und diese für 1–1,5 Stunden ins Gefrierfach stellen. Zwischendurch einmal durchrühren. Die Schokolade zerkleinern und über einem heißen Wasserbad schmelzen.

Die Eismasse aus dem Gefrierfach nehmen. Etwas geschmolzene Schokolade darübergießen und gut umrühren. Wiederholen, bis die Schokolade verbraucht ist. Die wieder fest gewordene Schokolade darf und soll dabei zersplittern.

Danach die Eismasse für weitere 6–8 Stunden einfrieren und alle 30 Minuten durchrühren, damit sich keine Eiskristalle bilden. Vor dem Servieren über Nacht im Eisfach lassen.

Pizzateig Napoli

Weltbester Pizzateig!!!

Zutaten für 6 Pizzen:
30 g feines Meersalz
600 ml kaltes Wasser*
1 kg Weizenmehl Caputo Cuoco oder Pizzamehl Tipo 00
1 g frische Hefe
Semola (Hartweizengrieß) zum Bearbeiten

* Besonders gut: stilles Mineralwasser, am besten eisgekühlt.

Wenig Hefe + viel Zeit = perfekter Teig!

1. Das Salz im Wasser unter ständigem Rühren vollkommen auflösen, dann Mehl und Hefe zugeben. Alles mit den Händen mindestens 20 Minuten lang zu einem geschmeidigen, elastischen Teig verkneten. Diesen zu einer Kugel formen, in eine Schüssel legen und mit Frischhaltefolie abdecken. Den Teig 10–24 Stunden bei Zimmertemperatur oder, noch besser, bis zu 3 Tage im Kühlschrank gehen lassen.

2. Danach 6 gleich große Teigkugeln formen. Etwas Hartweizengrieß auf die Arbeitsfläche streuen. Die Teiglinge zwischen den Händen glätten und mit der Hand auf der Arbeitsfläche rund rollen.

3. Eine Frischhaltedose mit Semola ausstreuen, die Teiglinge hineingeben und für weitere 8–12 Stunden ruhen und aufgehen lassen.

4. Je 1 Teigling vorsichtig aus der Dose nehmen, auf die mit Semola bestreute Arbeitsfläche legen und nun mit den Händen (keinesfalls mit einem Nudelholz) ausformen. So werden die feinen Luftblasen im Teig nicht unnötig herausgedrückt.

5. Das Ausformen der Teiglinge geschieht von innen nach außen: Den Teig mit den Fingern eindrücken und von der Mitte nach außen arbeiten. Der Rand soll dabei unbedingt stehen bleiben.

6. Sobald der Teigfladen einen Durchmesser von 30 cm hat, kann er belegt werden.

Siehe dazu Pizza Marinara auf Seite 42/43.

Original neapolitanische Pizza Marinara

Für 4 Pizzen

400 g frische San-Marzano-Tomaten oder
1 Dose San-Marzano-Tomaten (400 g)
4 g Meersalz
4 Knoblauchzehen
getrockneter Oregano
Salz
Olivenöl extra vergine
frisches Basilikum
Original neapolitanischer Pizzateig

1. Die Tomaten in ein großes Gefäß geben, mit den Händen zerkleinern und mit Meersalz würzen.
2. Den Pizzateig mit Rand formen wie im Rezept auf Seite 38/39 beschrieben. Mit 1/4 der Tomatensauce bestreichen, dabei einen Rand aussparen.

Die Mutter aller Pizzen!

Grobe Tomatenstücke sind für diese Sauce typisch.

3. Für jede Pizza 1 Knoblauchzehe schälen und in dünne Scheiben schneiden. Mit kreisförmiger Handbewegung auf dem Teig verteilen. Ebenso mit 1 Prise Oregano und 1 Prise Salz würzen.
4. Zuletzt von außen nach innen, wieder in einer kreisförmigen Bewegung, mit Olivenöl beträufeln.
5. Nun die Pizza auf einer mit Mehl bestäubten Holzpizza-Schaufel mit einer Drehbewegung in den (Holz-)Pizzaofen gleiten lassen und für etwa 2 Minuten bei 485 Grad backen.
6. Sollte gerade kein Pizzaofen mit dieser Temperatur zur Verfügung stehen, im Backofen bei 250 Grad Ober-/Unterhitze 10–15 Minuten backen.
7. Vor dem Servieren mit frischen Basilikumblättchen bestreuen.

It's time FOR PIZZA

Beläge wie Salami, Schinken, Pilze und Co. haben hier nichts zu suchen!

Tiramisu

Für 6–8 Portionen:

500 ml Espresso oder starker Kaffee
12 EL Amaretto
5 große, ganz frische (!) Eier
1 Prise Salz
150 g Puderzucker
500 g Mascarpone
250 g Löffelbiskuits
ungesüßtes Kakaopulver

Zuerst den frisch gebrühten Espresso oder Kaffee abkühlen lassen und mit dem Amaretto mischen. Die Eier trennen. Die Eiweiße mit dem Salz zu steifem Schnee schlagen.

Zutaten unbedingt bei Zimmertemperatur verarbeiten!

Tiramisu = Zieh mich hoch!

Nie mit dem Mixer schlagen!

Den Puderzucker zum Eigelb geben und mit dem Schneebesen schön schaumig schlagen, bis der Zucker sich komplett aufgelöst hat. Erst den Mascarpone, dann den Eischnee behutsam mit einem Spatel unterheben. Es dürfen sich keine Klümpchen bilden.

Eine rechteckige Form (etwa 20 x 26 cm) bereitstellen und den Boden mit Löffelbiskuits auslegen. Die Löffelbiskuits vorher kurz in die Espresso-Amaretto-Mischung tauchen.

Nun etwa die Hälfte der Creme gleichmäßig darauf verstreichen.

Eine zweite Schicht Löffelbiskuits in der Form verteilen (diese vorher ebenfalls eintauchen), die restliche Creme darübergeben und glatt streichen.

Die Form abdecken und für ca. 8 Stunden kalt stellen.

Kurz vor dem Servieren das Tiramisu großzügig mit dem Kakaopulver bestäuben.

Minestrone

Für 4 Portionen:

4 Handvoll Babyspinat
2 Zucchini
4 Möhren
6 Stangen Staudensellerie
4 Knoblauchzehen
1 Zwiebel
4 EL Olivenöl und 1 EL Butter
2 Dosen stückige Tomaten (à 400 g)
2 Dosen geschälte ganze Tomaten (à 400 g)
30 g durchwachsener, gewürfelter Speck*
6 TL getrocknete italienische Kräuter (Basilikum, Oregano, Thymian, Rosmarin)
2 TL Zucker
2 Lorbeerblätter
800 ml Gemüsebrühe**
1 Dose weiße Bohnen (400 g)
200 g kurze, dicke Pasta, z. B. Volanti
Salz und frisch gemahlener Pfeffer
frisch geriebener Parmesan
10 Stängel Basilikum

*Für Vegetarier den Speck weglassen!
**Verhältnis von Gemüse und Brühe nach Belieben anpassen!

Den Babyspinat waschen und trocken schleudern. Zucchini und Sellerie putzen und klein schneiden. Möhren schälen und würfeln. Knoblauch und Zwiebel schälen und schön fein hacken.

Öl und Butter in einem Topf erhitzen und darin die Speckwürfel 2 Minuten anbraten. Möhren-, Sellerie- und Zucchinistückchen zugeben und etwa 6–7 Minuten dünsten, bis die Zwiebeln schön glasig sind. Dann den fein gehackten Knoblauch zufügen und kurz mit andünsten.

Stückige und ganze Tomaten, Kräuter, Zucker und Lorbeerblätter zugeben und die Gemüsebrühe angießen. Alles 10 Minuten bei mittlerer Hitze köcheln lassen. Pasta zugeben und weitere 8 Minuten köcheln lassen, bis die Pasta „al dente" gegart ist. Jetzt den Babyspinat und die abgegossenen Bohnen zugeben und kurz erhitzen. Die Suppe vom Herd nehmen. Falls die Minestrone zu dickflüssig erscheint, etwas Wasser angießen. Kräftig umrühren, mit Salz und Pfeffer abschmecken und in vorgewärmte Suppenteller geben. Mit frisch geriebenem Parmesan bestreuen, mit Pfeffer übermahlen und mit Basilikumblättchen garniert servieren. Dazu geröstetes Brot oder Bruschetta (Rezept Seite 122) reichen.

Schmeckt nicht nur Garfield ;-)

Für 6 Portionen:

Für die Bolognesesauce:
1 Knoblauchzehe
1 Schalotte
2 Möhren
Olivenöl zum Braten
500 g Rinderhackfleisch
1 Dose stückige Tomaten (800 g)
Salz und frisch gemahlener Pfeffer
2 TL getrockneter Oregano

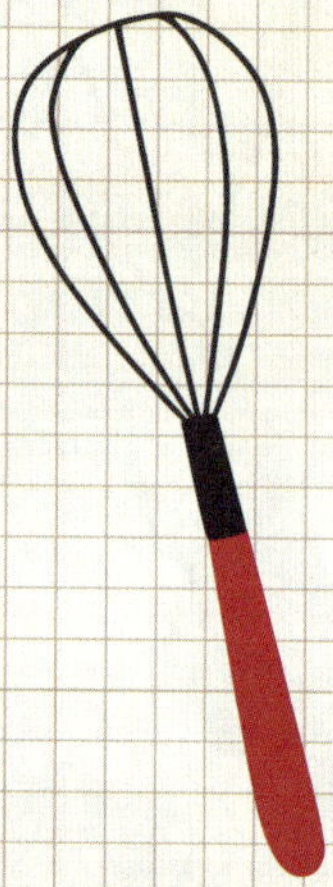

Für die Béchamelsauce:
50 g Butter
40 g Weizenmehl
500 ml kalte Milch
gemahlene Muskatnuss
Salz und frisch gemahlener Pfeffer

Außerdem:
150 g Lasagneplatten
Olivenöl für die Form
60 g frisch geriebener Parmesan

1. Für die Bolognese-Sauce Möhren, Zwiebeln und Knoblauch schälen, hacken und mischen. Olivenöl in einer Pfanne erhitzen, die Gemüsemischung darin anbraten. Das Rinderhack zugeben und krümelig braten. Tomaten unterrühren und alles mit Salz und Pfeffer würzen. Zugedeckt bei mittlerer Hitze etwa 20 Minuten köcheln lassen. Oregano unterrühren.
2. Für die Béchamelsauce: Butter in einem Topf zerlassen, Mehl zugeben und unterrühren. Vom Herd nehmen und unter kräftigem Rühren nach und nach die kalte Milch zugießen. Die Sauce bei reduzierter Hitze 7–8 Minuten köcheln lassen. Mit Salz, Pfeffer und Muskat würzen. Den Backofen auf 220 Grad Ober-/Unterhitze vorheizen.
3. Eine Auflaufform mit Olivenöl einpinseln. Eine Schicht Béchamelsauce einfüllen. Dann eine Schicht Lasagneblätter, darauf Bolognese- und wieder Béchamelsauce. So fortfahren, bis die Zutaten aufgebraucht sind. Mit Béchamelsauce abschließen und mit Parmesan bestreuen.
4. Die Lasagne im vorgeheizten Ofen auf mittlerer Schiene 30–40 Minuten backen, bis sie schön goldbraun ist. Direkt in der Auflaufform servieren.

Heiß!!! Handschuhe nicht vergessen!

Zum Frühstück, als Snack für unterwegs oder einfach nur so!

Fluffig, knusprig, lecker & zu jeder Zeit

Focaccia

Für 1 Stück:

Für den Teig:
3/4 l kaltes Wasser
22 g Salz
1 kg Weizenmehl (Tipo 00)
5 g frische Hefe
3 EL Olivenöl

Für den Belag:
100 ml Olivenöl
2 Knoblauchzehen, gehackt
3 EL gehackte Kräuter (Rosmarin, Thymian & Oregano)
70 g schwarze Oliven (entsteint)
200 g halb getrocknete Kirschtomaten
2 TL Salzflocken

Zunächst 2 Tage vor dem Backen das Wasser in eine Rührschüssel gießen. Das Salz darin auflösen, 100 g Mehl zugeben und glatt rühren. Die Hefe im Salzwasser auflösen und nach und nach das verbliebene Mehl unterrühren. Mit den Händen 5 Minuten zu einem glatten Teig kneten. Den Teig zur Kugel formen, mit 1 EL Olivenöl bestreichen und in eine Schüssel legen. Abgedeckt 2 Stunden bei Zimmertemperatur gehen lassen.
Alle 30 Minuten den Teig mit angefeuchteten Händen an einer Seite hochziehen und über den restlichen Teig schlagen, danach wieder abdecken. Die Seite jedes Mal wechseln, bis alle vier Seiten übergeschlagen wurden.

Ein Backblech mit 2 EL Ölivenöl einfetten. Den Teig darauflegen und in Form drücken. Dann luftdicht mit Folie abdecken und für 48 Stunden an einem kühlen Ort ruhen lassen. Etwa 3 Stunden vor der weiteren Verarbeitung herausnehmen.
Den Backofen auf ca. 250 Grad Ober-/ Unterhitze vorheizen.

Für den Belag die Hälfte des Olivenöls auf dem Teig verstreichen, Mit den Fingern in gleichmäßigem Abstand Mulden in die Oberfläche drücken. Dann das restliche Öl zusammen mit Knoblauch, Kräutern, Oliven, getrockneten Kirschtomaten und Salz auf dem Teig verteilen. Die Focaccia im vorgeheizten Ofen etwa 25 Minuten backen.

Risotto alla Milanese

Für 4 Portionen:

Wichtig: niemals Instantbrühe verwenden!

mindestens 30 Safranfäden
50 ml heißes Wasser
1 Schalotte, fein gehackt
4 EL Olivenöl
200 g Carnaroli-Reis (Risottoreis), super fino
100 ml Weißwein
400 ml frische heiße Gemüse- oder Hühnerbrühe
50 g kalte Butter
75 g frisch geriebener Parmesan oder Grana Padano
Salz und frisch gemahlener Pfeffer

Milano: Navigli-Viertel

Milano: Piazza del Duomo

1. Die Safranfäden im Mörser zerstoßen, mit heißem Wasser mischen und ziehen lassen.
2. Das Olivenöl in einen breiten Topf erhitzen, die Schalotte 5 Minuten darin anschwitzen (nicht bräunen). Den Reis zugeben und umrühren, bis auch das letzte Reiskorn von Öl überzogen ist. Die Hitze erhöhen. Den Weißwein angießen und einkochen lassen. Das Safranwasser zugießen.
3. Eine Kelle heiße Brühe zugeben, dabei stetig rühren und die Reiskörner vom Boden des Topfes schaben. Sobald die Flüssigkeit fast vollständig eingekocht ist, die nächste Portion Brühe zugeben, bis auch sie wieder vollständig aufgenommen wurde. Das dauert etwa 18 Minuten. Aufpassen, dass der Risotto nicht zu flüssig wird!
4. Den Herd abschalten und den Risotto gut 1 Minute ruhen lassen. Die Konsistenz überprüfen: Wenn der Topf zur Seite gekippt wird, sollte der Reis Wellen schlagen. Ist es zu fest, noch etwas Brühe zugeben.
5. Zum Schluss die kalte Butter und frisch den geriebenen Käse unterrühren. Mit Salz und Pfeffer würzen. Den Risotto in vorgewärmten tiefen Tellern servieren. Mit den Safranfäden dekorieren.

Sizilianische Caponata

Für 4 Portionen:

2 Auberginen
100 ml Olivenöl
1 Zwiebel
2 Knoblauchzehen
1 gelbe oder rote Paprikaschote
1 Stange Staudensellerie
4 Ochsenherztomaten (cuore di bue)
3 EL Rosinen
3 EL Pinienkerne
1 EL Kapern
Salz und frisch gemahlener Pfeffer
1 EL Honig
2 EL weißer Balsamico
50 g entsteinte grüne Oliven
frische Basilikumblättchen

Die Auberginen sollten butterweich sein!

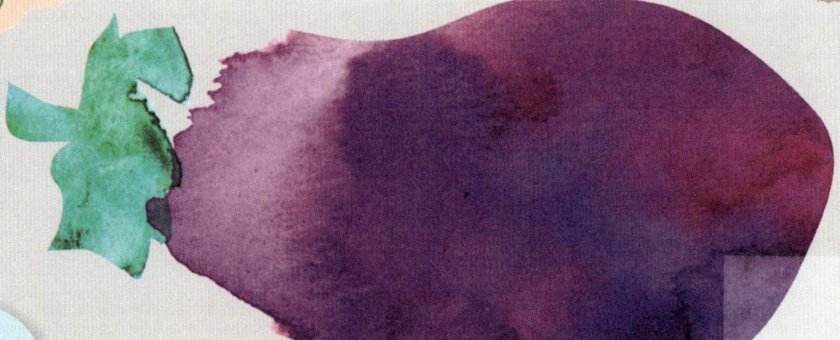

Die Auberginen putzen und würfeln. Die Hälfte des Olivenöls in einer großen Pfanne erhitzen. Die Auberginenwürfel darin bei mittlerer Hitze 15 Minuten schmoren. Herausnehmen und auf Küchenpapier abtropfen lassen.

Zwiebeln und Knoblauch schälen und klein hacken. Paprika und Sellerie putzen, Tomaten vom Stielansatz befreien. Alles klein schneiden.

Das restliche Olivenöl in der Pfanne erhitzen. Zwiebeln und Knoblauch darin andünsten. Sellerie- und Paprikastückchen zugeben und 5 Minuten anbraten. Die Tomaten zugeben und weitere 5 Minuten garen. Auberginen wieder zugeben und alles nochmals 10 Minuten einkochen lassen.

Rosinen, Pinienkerne und Kapern unterrühren. Die Caponata mit Salz, Pfeffer, Honig und Essig würzen. Mit Oliven und Basilikumblättchen bestreut servieren.

Die Sauce mit Ciabatta auftunken!

Panini Caprese

Für 4 Portionen:

4 Panini Semplici oder Ciabatta-Brötchen
2 große Rispentomaten
2 Kugeln Mozzarella à ca. 250g
Original Pesto alla Genovese*
frisches Basilikum
etwas Rucolasalat
frisch gemahlener Pfeffer

* Mein Rezept!! Seite 18/19

Perfekt für ein gesundes, leckeres Frühstück in der Schule!

Die Tomaten und den Mozzarella in Scheiben schneiden.
Die Brötchen aufschneiden, beide Hälften mit Pesto bestreichen. Die Unterseiten mit Mozzarellascheiben und frischem Basilikum belegen.
Die Rucolablätter klein schneiden und mit den Tomatenscheiben obenauf verteilen.
Alles mit Pfeffer bestreuen, die obere Brötchenhälfte auflegen, leicht zusammendrücken und genießen!

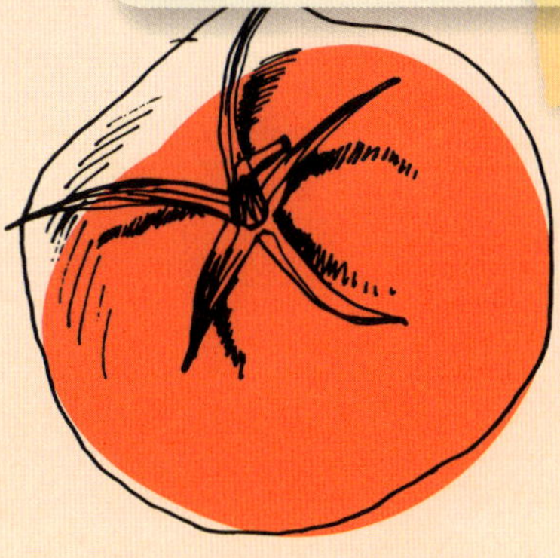

Fettuccine Alfredo

Für 4 Portionen:

2 Knoblauchzehen
80 g Butter
400 g Sahne
Salz
frisch gemahlener Pfeffer
150 g geriebener Parmesan
500 g Fettuccine
frisch geriebener Parmesan zum Bestreuen

maximal 24 Monate gereift!

frisch & möglichst mit Ei zubereitet

Den Knoblauch schälen und fein hacken. Die Butter bis auf ein kleines Stück in einem Topf zerlassen, den Knoblauch etwa 1 Minute darin anschwitzen. Die Sahne einrühren, mit Salz und Pfeffer würzen. Alles gut 3 Minuten unter gelegentlichem Rühren köcheln lassen, bis die Sauce schön eindickt. Zum Schluss noch den geriebenen Parmesan einrühren und den Topf vom Herd nehmen.

Für die Pasta Salzwasser zum Kochen bringen. Die Fettuccine darin in etwa 3 Minuten „al dente" garen, abgießen und in der Sauce schwenken. Den Topf noch einmal auf den Herd stellen und die restliche Butter unterrühren. Mit Salz und Pfeffer abschmecken. Mit frisch geriebenem Parmesan bestreuen und sofort servieren.

Panna cotta

mit Himbeer-Erdbeer-Sauce

Für 4 Portionen:

500 g Sahne
50 g Zucker
1 Vanilleschote
3 Blatt Gelatine
150 g Erdbeeren
150 g Himbeeren
1–2 EL Puderzucker
einige frische Minzeblättchen
und Erdbeeren für die Dekoration

Zusätzlich mit gehackten Pistazienkernen, Himbeeren und Blaubeeren dekorieren: lecker!

Die Sahne mit dem Zucker in einen Topf geben und langsam erhitzen. Der Zucker muss sich ganz auflösen. Die Vanilleschote längs aufschlitzen, das Mark herauskratzen und zusammen mit der Schote in die Sahne geben. Alles aufkochen und dann etwa 10 Minuten ziehen lassen. Vom Herd nehmen und die Schote entfernen.

Die Gelatine in kaltem Wasser einweichen und unter Rühren in der Sahne auflösen. Kleine Förmchen kalt ausspülen. Die Sahnemasse auf die Förmchen verteilen und für mindestens 5 Stunden, am besten über Nacht, kalt stellen.

Vor dem Servieren die Förmchen kurz in heißes Wasser tauchen, dann auf einen kleinen flachen Teller stürzen.

Die Himbeeren und Erdbeeren putzen, mit dem Puderzucker fein pürieren und durch ein Sieb streichen. Einen Spiegel aus Fruchtsauce neben die Panna cotta gießen.

Mit Erdbeeren und frischen Minzeblättchen dekoriert servieren.

**oder Pecorino Romano aus Schafsmilch oder Parmesan

Für 4 Portionen:

2 Auberginen
Sonnenblumenöl zum Braten
Salz und frisch gemahlener Pfeffer
2 Knoblauchzehen
1 Schalotte
Olivenöl extra vergine
1 Dose San-Marzano-Tomaten (400 g)
1 TL feinster Zucker
100 ml Weißwein
3 Lorbeerblätter
Saft von 1 Biozitrone
1 EL Tomatenmark
1 Bund frisches Basilikum
400 g Penne Rigate*
200 g geriebener Ricotta Salata (Schafskäse)**

Pasta alla Norma

Sizilianisches Rezept!

Die Auberginen putzen und in dünne Scheiben schneiden. Sonnenblumenöl in einer Pfanne erhitzen, die Auberginenscheiben darin knusprig braun braten. Herausnehmen, auf Küchenpapier abtropfen lassen, salzen, pfeffern und warm stellen.
Knoblauch in Scheiben schneiden. Schalotte würfeln. Olivenöl in einer sauberen Pfanne erhitzen, Knoblauch und Schalotte darin glasig dünsten. Tomaten in Stücke schneiden, mit Zucker, Weißwein und Lorbeerblättern in die Pfanne geben und alles 15 Minuten köcheln lassen.
Lorbeerblätter entfernen, die Sauce mit Salz, Pfeffer und Zitronensaft würzen und pürieren. Tomatenmark unterrühren, noch einmal aufkochen lassen. Die Hälfte der Basilikumblätter in die Sauce rühren.

*Niemals lange Nudeln dazu!

Die Pasta in kochendem Salzwasser nach Packungsanweisung „al dente" kochen, abgießen, mit der Sauce mischen und auf vorgewärmte Teller verteilen. Die Auberginenscheiben darauf anrichten. Pasta mit geriebenem Ricotta und den restlichen Basilikumblättern bestreut sofort heiß servieren.

TIPP: Besonders knusprig werden die Auberginenscheiben, wenn man sie vorher mit etwas Salz bestreut und in einem Sieb 1 Stunde entwässert. Dann ausdrücken und mit Küchenpapier abtupfen. Dadurch werden die Auberginen zudem von Bitterstoffen befreit, das macht sie milder im Geschmack.

Panzanella – italienischer Brotsalat

Für 4 Portionen:

1 altbackenes Ciabattabrötchen
3 EL Olivenöl zum Braten
250 g Flaschentomaten
1 Salatgurke
1/2 rote oder gelbe Paprikaschote
1 Knoblauchzehe
2–3 Kugeln Mozzarella
2 TL getrocknete italienische Kräuter
1/2 EL Meersalz
frisch gemahlener Pfeffer
2 EL Aceto balsamico di Modena
3 EL Olivenöl
1 Handvoll Basilikumblättchen

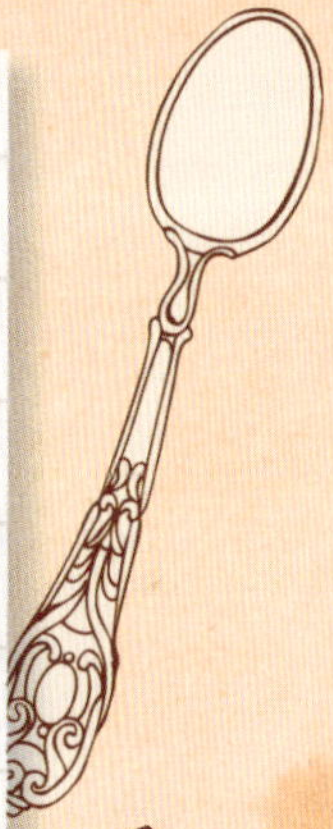

Ciabatta in kleine Würfel schneiden und in Olivenöl knusprig braun rösten. Herausnehmen und abkühlen lassen.

Tomaten würfeln. Gurke schälen, nach Belieben entkernen und ebenfalls würfeln, Paprikaschote putzen und klein schneiden. Knoblauchzehe schälen und schön fein hacken.

Alles mischen und auf einer Platte anrichten. Mozzarella in Stückchen zupfen und auf dem Salat verteilen. Brotwürfel darüberstreuen.

Aus Olivenöl, Aceto balsamico, Meersalz und Pfeffer ein Dressing rühren. Den Panzanella damit beträufeln und mit Basilikumblättchen garnieren. Vor dem Servieren gut durchziehen lassen!

Tipp: Gegen Knoblauchatem den Knoblauch kurz in Olivenöl anbraten.

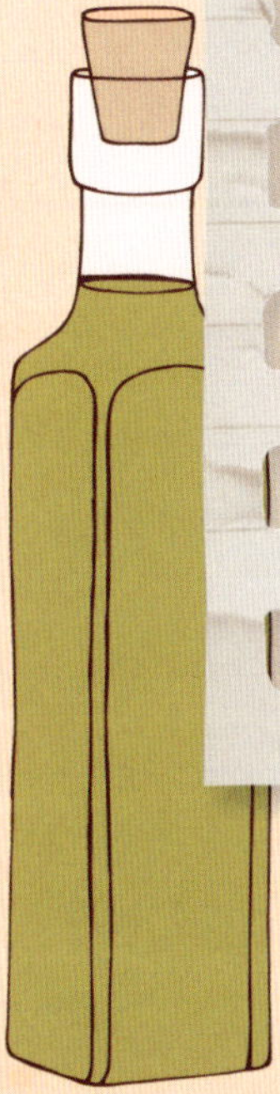

Peperoni ripieni = gefüllte Paprika

Peperoni ripieni

Für 4 Portionen:

4 rote Paprikaschoten
240 g frisch geriebene Semmelbrösel
Salz und frisch gemahlener Pfeffer
4 EL gehacktes Basilikum
4 Tomaten, fein gehackt
4 eingelegte Sardellen, gehackt
2 EL Kapern
50 g frisch geriebener Caciocavallo-Käse (alternativ Pecorino)
Olivenöl extra vergine

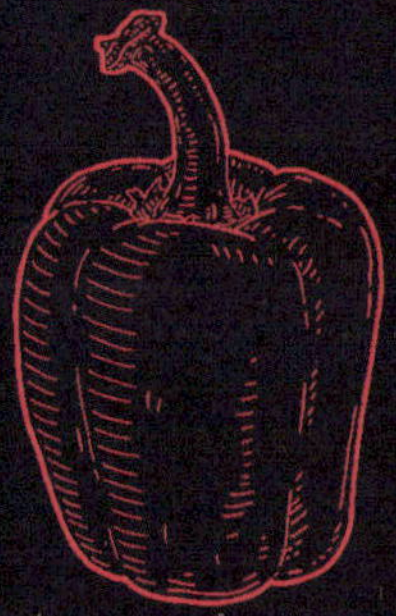

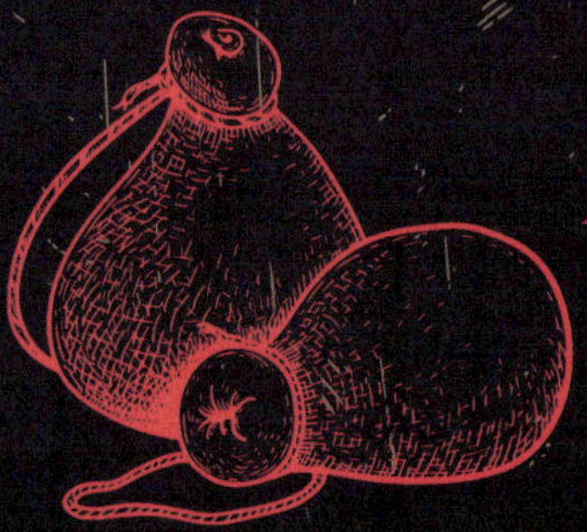

Die Paprikaschoten längs halbieren. Vorsichtig die Samen entfernen und die weißen Stege sorgfältig mit der Spitze eines scharfen Messers herausschneiden.
Den Backofen auf 200 Grad Ober-/Unterhitze vorheizen.
Die Semmelbrösel in einer Pfanne ohne Fett goldbraun rösten. Mit Salz, Pfeffer und Basilikum würzen. Tomaten, Sardellen und den geriebenen Käse unterrühren. Die Mischung mit etwas Olivenöl beträufeln und die Paprikahälften damit füllen.
Die Schoten in eine geölte ofenfeste Form setzen, mit Alufolie abdecken und im vorgeheizten Backofen 15 Minuten garen. Dann die Folie entfernen und weitere 10–15 Minuten garen. Bei Bedarf noch mit etwas Olivenöl beträufeln. Herausnehmen und heiß oder lauwarm servieren.

Caciocavallo = Satteltaschenkäse!

Omas Nuss-Nougat-Creme

Für 4 kleine Gläser:

300 g piemontesische Haselnusskerne *
120 ml Ahornsirup
3 EL dunkles Kakopulver
120 ml ungesüßter Mandeldrink
Mark von 1/2 Vanilleschote
1 Messerspitze Salz
2 EL Kokosöl
50 g geschmolzene dunkle Kuvertüre (optional)

Die Haselnüsse im vorgeheizten Backofen bei 180 Grad einige Minuten rösten, dann in den Mixer geben und mehrere Minuten lang zerkleinern.

Die übrigen Zutaten nacheinander einarbeiten und so lange mixen, bis eine cremige Masse entstanden ist.

Optional: Falls die Creme noch schokoladiger werden soll, etwas geschmolzene Schokolade mit in den Mixer geben.

Die fertige Creme auf saubere Schraubgläser verteilen, luftdicht verschließen und im Kühlschrank aufbewahren. Vor dem Verzehr Zimmertemperatur annehmen lassen.

Die Kirche in Cannero Riviera, Lago Maggiore, Piemont

* Meine selbst gesammelten Haselnüsse sind immer noch die besten der Welt!!!

Wichtigste Zutat: Ganz viel Geduld beim Mixen! Mindestens 10 Minuten! Die Nüsse müssen ihr Fett abgeben.

MILANO
VENICE
BOLONGA
Saltimbocca =
Spring in den Mund!
ROMA
SARDEGNA
Das Kolosseum in Rom!
SICILIA

Saltimbocca alla Romana

Zutaten für 4 Portionen:

4 zarte hauchdünn geschnittene Kalbsschnitzel
Salz und frisch gemahlener Pfeffer
4 frische Salbeiblätter
4 Scheiben Prosciutto di Parma
Olivenöl extra vergine
etwa 125 ml Weißwein

Den Backofen auf 150 Grad Ober-/Unterhitze vorheizen.
Die Kalbsschnitzel von beiden Seiten mit Salz und Pfeffer gut einreiben, dann jeweils mit 1 Salbeiblatt belegen und jeweils mit 1 Scheibe Parmaschinken eng umwickeln. Mit einem Zahnstocher feststecken.
In einer Pfanne etwas Olivenöl erhitzen und die Röllchen darin etwa 1 Minute von allen Seiten anbraten. Danach nebeneinander in eine ofenfeste Form legen, gerade so viel Weißwein angießen, dass der Boden bedeckt ist. Das Fleisch im vorgeheizten Ofen etwa 15 Minuten garen. Vor dem Servieren noch einmal mit ein Pfeffer übermahlen.

Als Beilage dazu passen Caponata (Seite 66/67) oder Risotto alla Milanese (Seite 62/63) hervorragend!
Auch prima im Mini-Format als Fingerfood!
Kinderleicht & Lecker!

BOLOGNA

TAGLIATELLE AL RAGÙ

Für 4 Personen

150 g Pancetta (Bauchspeck)
1–2 EL Olivenöl extra vergina
50 g Möhre, gewürfelt
100 g Zwiebel, gewürfelt
50 g Knollensellerie, gewürfelt
500 g gemischtes Hackfleisch, Schwein und Rind (alternativ Kalbshackfleisch)
125 ml trockener Weißwein (alternativ Rotwein)
400 g passierte Tomaten (Dose)
Meersalz und frisch gemahlener Pfeffer
50 ml Milch
400 g frische Tagliatelle (alternativ: Fettuccine)
40 g Parmesan (Parmigiano Reggiano)

Auf keinen Fall Spaghetti für dieses Rezept nehmen!

Pancetta klein schneiden und in einem großen Topf in etwas Olivenöl auf mittlerer Stufe anbraten, bis das Fett austritt.

Möhren-, Sellerie- und Zwiebelwürfel dazugeben und ebenfalls anbraten, bis die Zwiebel schön glasig ist. Das Hackfleisch zugeben und unter ständigem Rühren etwa 10 Minuten bräunen. Wenn der Fleischsaft verkocht ist, alles mit Weißwein ablöschen. Die passierten Tomaten zugeben und alles mit Meersalz würzen.

Jetzt 1/2 l Wasser zugießen, gut umrühren und die Sauce bei mittlerer Hitze 1 Stunde einkochen lassen. Wieder 1/2 l Wasser zugeben, rühren und 1 weitere Stunde garen. Den Vorgang ein drittes Mal wiederholen. Die Sauce mit Salz und Pfeffer würzen, die Milch zugeben, umrühren und vom Herd nehmen.

Die Tagliatelle in kochendem Salzwasser „al dente" garen, abgießen, zurück in den Topf geben und mit der Sauce mischen.

Den Parmesan reiben. Die Pasta al Ragù auf Tellern anrichten und mit reichlich Parmesan bestreut servieren.

Sehr lange und langsam kochen! 3 Stunden minimum!

Cantuccini di Prato

Für 1 Blech oder 40 Stück:

200 g Weizenmehl (Type 405)
50 g gemahlene Mandeln
1 TL Backpulver
180 g Zucker
1 Päckchen Vanillezucker
1 Prise Salz
3 Tropfen Bittermandelaroma
30 g kalte Butter in Flöckchen
2 Eier
170 g Mandelkerne
Mehl zum Bearbeiten

Cantuccini nach dem Essen in Vin Santo getunkt genießen, ein Espresso passt auch hervorragend. Semplicemente delizioso!

Das Mehl in einer Schüssel mit den gemahlenen Mandeln, Backpulver, Zucker und Vanillezucker mischen. Alles mit Salz, Bittermandelaroma, Butter und Eiern zu einem glatten Teig kneten. Die Mandeln einarbeiten und den Teig 30 Minuten kalt stellen.

Den Backofen auf 180 Grad Umluft vorheizen. Ein Backblech mit Backpapier auslegen. Aus dem Teig auf bemehlter Arbeitsfläche drei Stränge formen, so lang, wie das Backblech breit ist. Nebeneinander auf das Backpapier legen und 15 Minuten backen, bis sie goldgelb sind. Herausnehmen und abkühlen lassen. Die Ofentemperatur auf 160 Grad Umluft reduzieren.

Die noch weichen Teigstränge mit einem scharfen Messer in 1,5 cm dicke Scheiben schneiden. Die Scheiben auf dem Blech verteilen und in weiteren 12–15 Minuten goldbraun backen. Herausnehmen. Erst mit dem Abkühlen werden die Cantuccini hart. Sie halten sich luftdicht verschlossen mehrere Wochen.

Unbedingt beachten!!!

Gnocchiteig sofort verarbeiten! Wenn man ihn stehen lässt, wird er klebrig und ist nicht mehr formbar!

Kann man auch mit Kartoffeln vom Vortag machen – perfekte Resteverwertung!

Lieber erst ein Ei nehmen und schauen, wie der Teig wird. Ist er zu fest, das zweite Ei oder nur das Eigelb auch noch zugeben.

Varianten: Mit Parmesan bestreuen, Gorgonzola dazu, Bärlauch in den Gnocchiteig.

Gnocchi burro e salvia

Für 4 Portionen:

750 g mehlig-kochende Kartoffeln
Salz
1–2 Eier (je nach Größe)
250 g Weizenmehl (Type 405)
Mehl zum Bearbeiten
50 g Butter
12 Salbeiblätter

Kartoffeln schälen, waschen, vierteln und in Salzwasser 15–20 Minuten weich kochen. Abgießen, ausdampfen lassen und mit dem Kartoffelstamper zerstampfen. Eier, Mehl und 1/2 TL Salz zur Kartoffelmasse geben und alles gut mischen. Auf bemehlter Fläche fingerdicke Rollen aus dem Teig formen und in etwa 1 cm breite Stückchen schneiden. Mit den Zinken einer Gabel ein Muster hineindrücken. Gnocchi auf ein bemehltes Tuch legen. In einem Topf Salzwasser zum Kochen bringen, Gnocchi portionsweise darin garen, bis sie an die Oberfläche steigen. Mit einem Schaumlöffel herausheben und warm stellen.
In einer großen Pfanne Butter zerlassen. den Salbei darin anbraten, herausnehmen und beiseitestellen. Die Gnocchi in die Pfanne geben, in der Butter schwenken und leicht bräunen. Auf Tellern anrichten und mit Salbeiblättchen garnieren.

Polenta al sugo

Für 4 Portionen:

Für die Tomatensauce:
Olivenöl extra vergine
1 Knoblauchzehe, gehackt
800 g passierte Tomaten (Dose)
1 Prise Salz
2 EL gehackte Basilikumblättchen

Für die Polenta:
140 g Polenta
2 Prisen grobes Meersalz
50 g Butter
120 g frisch geriebener Grana Padano

Tipp:
Sollten sich Klumpen bilden, schnell mit dem Stabmixer pürieren!

Das Olivenöl in einem Topf erhitzen, die Knoblauchzehe darin anschwitzen. Die passierten Tomaten, 100 ml Wasser und 1 Prise Salz zugeben. Das Basilikum unterrühren. Die Sauce unter gelegentlichem Rühren etwa 20 Minuten kochen lassen.

Inzwischen für die Polenta 1 l Wasser mit dem Meersalz zum Kochen bringen. Sobald es kocht, die Polenta unter ständigem Rühren mit einem Schneebesen einrieseln lassen, 2 Minuten kochen lassen. Dann vom Herd nehmen und 15 Minuten quellen lassen. Die Butter und die Hälfte des Käses unterrühren.

Die fertige Polenta auf Teller verteilen, mit der Sauce anrichten und mit dem restlichen Grana Padano bestreut servieren.

Risotto La dolce vita

Für 2 Portionen:

200 g passierte Tomaten
300 ml Gemüsebrühe
1/2 Bund Petersilie
1 Schalotte
2 Knoblauchzehen
1 rote Chilischote
2 EL Olivenöl
2 EL Kapern
2 EL Tomatenmark
150 g Risottoreis
50 ml trockener Weißwein
1 Handvoll Oliven
Meersalz und frisch gemahlener Pfeffer
frisch geriebener Parmesan

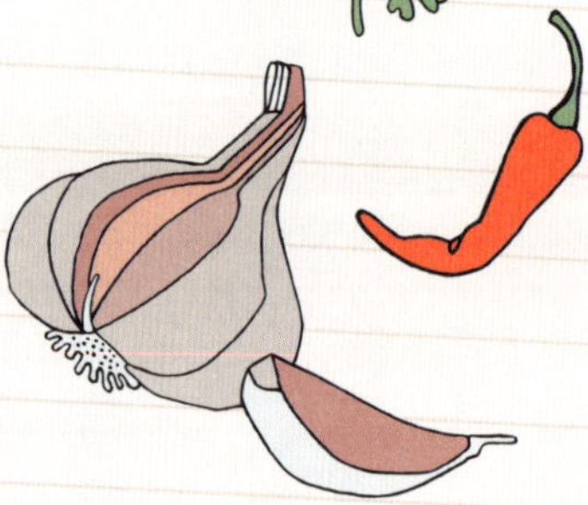

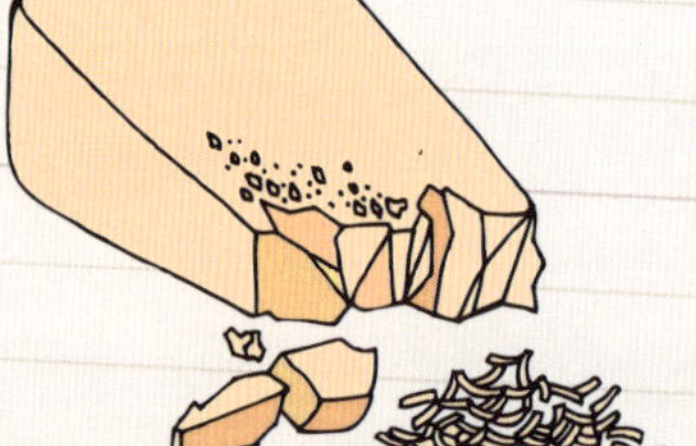

1. Die passierten Tomaten mit der Gemüsebrühe in einem Topf erhitzen.
2. Petersilie waschen, trocken schütteln, Blättchen abzupfen und hacken. Schalotte und Knoblauchzehen schälen und fein schneiden. Die Chilischote längs aufschlitzen, von Samen befreien und klein schneiden (Vorsicht, scharf!).
3. In einem breiten Topf das Olivenöl erhitzen, Chili- und Knoblauchstückchen mit der Hälfte der Kapern 3 Minuten darin anschwitzen. Tomatenmark und Risottoreis zugeben, alles gut mischen. Mit Wein ablöschen und etwas einkochen lassen..
4. Die heiße Tomaten-Brühe-Mischung portionsweise zum Reis geben und unter Rühren einkochen lassen. Den Reis garen, bis er bissfest ist, das dauert etwa 25 Minuten.
5. Die Oliven in Scheibchen schneiden und zusammen mit den übrigen Kapern und der Petersilie unterrühren. Mit Meersalz und Pfeffer würzen.
6. Den Risotto bei geschlossenem Deckel 5 Minuten ruhen lassen, dann auf Teller verteilen und mit Parmesan bestreut servieren.

Bruschetta

Für 4 Portionen:

400 g schön reife Cocktail- oder Rispentomaten
3–4 Stängel Basilikum, plus Blättchen für die Dekoration
3 frische Knoblauchzehen
Salz und frisch gemahlener Pfeffer
getrockneter Oregano
1 knusprige Ciabatta
6 EL Olivenöl extra vergine

Perfekt nicht nur als Vorspeise, sondern auch der Hit auf jedem Party-Buffet!

Die Tomaten waschen, gut abtrocknen, in kleine Würfel schneiden und in eine Schüssel füllen.
Das Basilikum waschen, trocken schütteln, die Blätter von den Stielen zupfen, grob hacken und mit den Tomaten vermengen.
Nun 1 Knoblauchzehe schälen und in die Schüssel pressen. Dann 4 EL Olivenöl zugeben, alles mit Salz, Pfeffer und Oregano würzen und gründlich vermengen. Die Mischung abgedeckt 30 Minuten im Kühlschrank durchziehen lassen, damit die Aromen sich entfalten.
Den Backofen auf etwa 180 Grad Umluft vorheizen. Das Brot in Scheiben schneiden, auf einem Backblech verteilen und im vorgeheizten Ofen etwa 5 Minuten rösten.
Die verbliebenen Knoblauchzehen schälen, halbieren und die knusprig gerösteten Brotscheiben auf einer Seite damit einreiben.
Die Tomatenmischung nochmals durchrühren und auf den Brotscheiben verteilen. Vor dem Servieren mit dem verbliebenen Olivenöl beträufeln, mit Basilikumblättchen dekorieren und sofort servieren.

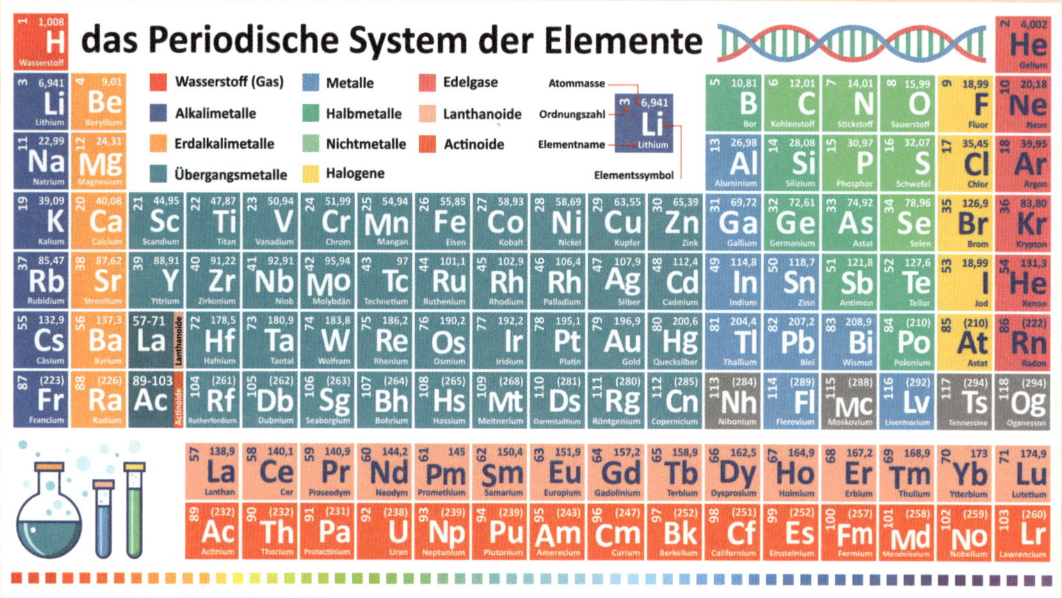

CAESAR-VERSCHLÜSSELUNG

MORSE CODE

A	• –	N	– •	1	• – – – –
B	– • • •	O	– – –	2	• • – – –
C	– • – •	P	• – – •	3	• • • – –
D	– • •	Q	– – • –	4	• • • • –
E	•	R	• – •	5	• • • • •
F	• • – •	S	• • •	6	– • • • •
G	– – •	T	–	7	– – • • •
H	• • • •	U	• • –	8	– – – • •
I	• •	V	• • • –	9	– – – – •
J	• – – –	W	• – –	0	– – – – –
K	– • –	X	– • • –		
L	• – • •	Y	– • – –		
M	– –	Z	– – • •		

Nordmazedonien

Nepal

Grönland

Ruanda

Bahrain

Island

Irland

Tansania

Peru

Ecuador

Malediven

Liberia

St. Lucia

Åland

Nauru

Costa Rica

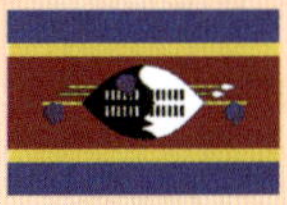
Eswatini

Kanada

Osttimor

Somalia

Biografien

Der Osnabrücker Rechtsanwalt **Kai Haferkamp** entwickelt seit seiner Studienzeit Gesellschaftsspiele und hat sich vor allem durch die spielerische Umsetzung von Kinderliteratur einen Namen gemacht. In den letzten 30 Jahren veröffentlichte er aber nicht nur an die 200 Spiele, sondern auch zahlreiche Bücher, darunter Detektiv-, Rätsel- und Escape-Geschichten, sowie Erzählungen mit besonderer Botschaft für kleine und große Leserinnen und Leser.

Lea Mari Sandberg wuchs in einem kleinen Dorf in der Lüneburger Heide auf, wo sie bereits als Kind ihre Leidenschaft für das Geschichtenerzählen entdeckte. Nach Abitur und Studium schlug sie einen kreativen Weg in der Medienbranche ein, in der sie noch heute tätig ist. In ihrer Freizeit widmet sie sich dem Schreiben. Mit einem feinfühligen Blick auf das Leben und die zwischenmenschlichen Beziehungen, die es formen, entwickelt sie vielschichtige Charaktere, die Leser gleichermaßen berühren.

Nach ihrem Grafik-Design-Studium in Münster und Nancy war **Christiane Leesker** einige Jahre als Kochbuchlektorin in einem Verlag tätig, bevor sie sich im Jahr 2004 zwischen lauter Kinderbuchillustratorinnen und -illustratoren in Münsters Ateliergemeinschaft Hafenstraße 64 selbständig machte. Seither schreibt sie zum Beispiel Koch- und Geschenkbücher, die sie auch selbst layoutet, und gestaltet mit viel Liebe zum Detail Bücher, Kalender und vieles mehr.

Bild- und Textnachweis

Bildnachweis:

Cover: PicturePast/stock.adobe.com, Vector Tradition/stock.adobe.com; Shutterstock.com

Innenteil: Shutterstock.com; S. 8/9: Roman Sigaev/stock.adobe.com; S. 10/11: Maciej Czekajewski/stock.adobe.com, Giuma/stock.adobe.com; S. 14/15: morningglory1285/stock.adobe.com, Andrei_Molchan/stock.adobe.com; S. 18/19: DesignerThc/stock.adobe.com, the8monkey/stock-adobe.com, liliya shlapak/stock.adobe.com; S. 20/21: klyaksun/stock.adobe.com; S. 22/23: Studio Gi/stock-adobe.com; S. 26/27: redchocolatte/stock-adobe.com; S. 34/35: la_vanda/stock.adobe.com, Vector Tradition/stock.adobe.com, morningglory1285/stock.adobe.com, redchocolatte/stock-adobe.com; S. 40/41: ZU_09/Getty Images; S. 46/47: Владимир Маевский/stock.adobe.com, exclusive-design/stock.adobe.com; S. 48/49: klyaksun/stock.adobe.com; S. 50/51: okkijan2010/stock.adobe.com, chernous/stock.adobe.com; S. 54/55: Lysenko.A/stock.adobe.com, lukeruk/stock.adobe.com; S. 58/59: Thomas Renz/stock.adobe.com, FomaA/stock.adobe.com; S. 60/61: Morphart/stock.adobe.com; S. 62/63: Bogdan Lazar/stock.adobe.com, Boris Stroujko/stock.adobe.com, Olga/stock.adobe.com; S. 64/65: Miguel Rico/Getty Images, Vitalii/stock.adobe.com; S. 66/67: picoStudio/stock.adobe.com; S. 78/79: komarinansk/stock.adobe.com, Elena Melnikova/stock.adobe.com, thingamajiggs/stock.adobe.com; S. 80/81: Nurjen/stock.adobe.com; S. 82/83: TYSB/stock.adobe.com, acrogame/stock.adobe.com; S. 84/85: Spiharu/stock.adobe.com, Peter Hermes Furian/stock.adobe.com, bilaaa/stock.adobe.com, AminaDesign/stock.adobe.com, Angela Ksen/stock.adobe.com; S. 86/87: valentinamaslova/stock.adobe.com; S. 90/91: Sketch Master/stock.adobe.com; S. 94/95: Wilfried/stock-adobe.com; Printemps/stock-adobe.com; S. 98/99: ashiya pixel/stock.adobe.com; S. 102/103: Sanja/stock.adobe.com, lukeruk/stock.adobe.com, Angelika Heine/stock.adobe.com, josepperianes/stock.adobe.com; S. 106/107: DesignerThc/stock.adobe.com, FomaA/stock.adobe.com, genny/stock.adobe.com; S. 110/111: Anastasiia/stock.adobe.com, emmi/stock.adobe.com; S. 116/117: Jyll/stock.adobe.com, S. 122/123: Titarenko/stock.adobe.com.

Textnachweis:

S. 32/33: Johann Wolfgang von Goethe: Türmerlied, Faust 2. Teil, 5. Akt

Wir von GROH wollen die Welt ein bisschen verschönern – mit liebevollen Geschenken, die glücklich machen.

GROH.DE

@die_geschenkverlage

Besuchen Sie uns im Internet: www.groh.de

Italienische Geheimnisse –
Eine spannende Rätselreise mit leckeren Rezepten

Maria-Luiko-Straße 54, 80636 München

Text und Konzept: Kai Haferkamp, Lea Mari Sandberg

Covergestaltung: Katja Heller, Alicia Terry

Grafische Gestaltung, Illustration und Satz: Christiane Leesker, www.christiane-leesker.de

Gesamtherstellung: Colorprint Offset Limited, Hongkong, China

ISBN 978-3-8485-0327-8

Kontaktadresse nach EU-Produktsicherheitsverordnung:
produktsicherheit@droemer-knaur.de

5 4 3 2 1

MIX
Papier | Fördert gute Waldnutzung
FSC® C007972
FSC www.fsc.org